FERDINAND MÉCHIN

LETTRES

D'UN

VOYAGEUR EN PERSE

DJOULFA, YESD, LES GUÈBRES

BOURGES

IMPRIMERIE ET LITHOGRAPHIE DE A. JOLLET

2, RUE DES ARMURIERS, 2

1867

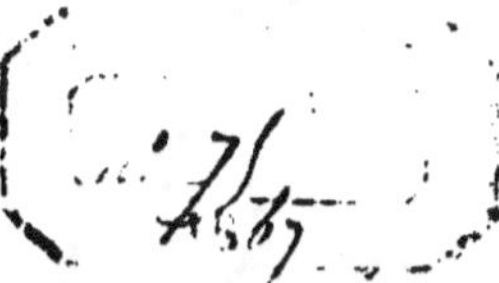

LETTRES D'UN VOYAGEUR EN PERSE

DJOUFLA, YESD. LES GUÈBRES

Depuis un mois j'habitais Djoulfa, grand village, situé à une lieue de l'ancienne capitale de la Perse, Ispahan, qui, quoique bien déchuo de sa splendeur, n'en possède pas moins encore aujourd'hui les ouvriers les plus habiles de tout le royaume. J'avais reçu une hospitalité tout-à-fait cordiale, dans le couvent qu'habitaient autrefois les Dominicains, et dont le supérieur à présent, le père Clément Sibillian, est un Mckhitariste de Vienne.

Ce village, situé sur les bords du Zenderoud, au milieu d'une forêt d'arbres fruitiers, est une colonie arménienne, fondée, il y a environ 250 ans, par Schah-Abbas I, qui, après avoir battu les Turcs, avait transporté, des bords de l'Arax, jusque dans cette partie de la Perse, un grand nombre des habitants de l'Arménie, à cause des qualités industrielles qu'il avait remarquées chez eux. Ces Arméniens, en peu de temps, accaparèrent tout le commerce des Indes.

Il y avait jadis 15,000 familles à Djoulfa seulement; mais lorsque les Musulmans commencèrent à les persécuter pour leur religion, elles se dispersèrent : une partie passa aux Indes, une autre en Turquie, en Italie et même en Hollande.

A la suite des dernières invasions des Afghans, 12,000 familles, voyant les Musulmans renouveler leurs persécutions, et leur commerce diminuer, abandonnèrent Djoulfa en n'emportant avec elles que leurs bijoux et leur argent. Plus de la moitié s'établit en Arménie, à Constantinople et à Smyrne.

Aujourd'hui on ne compte à Djoulfa pas plus de 20 familles anciennes ; les 380, restant, proviennent des campagnes environnantes. Celles-ci, après le départ des premiers colons, s'emparèrent peu à peu de leurs maisons et continuèrent à habiter le village ; mais toutes sont généralement pauvres, et, sans leurs parents des Indes, elles auraient beaucoup de peine à vivre.

Parmi ces 400 familles arméniennes, il y en a trente catholiques, les autres sont schismatiques.

Je connaissais déjà Ispahan, que les Persans appellent bien à tort *nesfi djehân* (la moitié du monde), et j'avais visité plusieurs fois les curiosités des environs.

Monté sur le sommet du minaret *djombonn*, j'avais, en donnant une secousse, fait osciller la tour jusque dans ses fondements : j'avais gravi l'*Atech-Kou*, colline sur laquelle les Guèbres entretenaient autrefois le feu sacré : j'avais escaladé les rochers qui dominent la ville, et où se trouve le *takt* de Roustem, ce héros légendaire des Persans : j'avais parcouru, en chassant la chèvre sauvage, les montagnes voisines, parsemées de villages, anciennement habités par les Parsis : j'avais opéré des fouilles dans les ruines du palais de *Ferabad*, où j'avais fait des découvertes très-intéressantes sous le rapport de la céramique : j'avais admiré les deux magnifiques ponts construits sur le Zenderoud par Schah-Abbas I, et qui relient Ispahan à Djoulfa : j'avais examiné en détail tous les beaux palais de *heftdest*, situés sur la rive gauche de la rivière, et où l'on remarque encore des peintures d'un grand effet ainsi que des plaques de revêtement en faïence très-curieuses.

Chargé par la manufacture impériale de Sèvres de recueillir pour son musée des échantillons de céramique, je résolus, pour compléter mes recherches, de m'avancer vers l'Est de la Perse que je ne connaissais pas encore et de visiter la ville de Yesd qui, d'après le voyageur Tavernier, possédait jadis des fabriques de faïence, dont on ne trouve aucune trace aujourd'hui.

Les voyages, dans ce pays, ne s'accomplissent pas aussi facilement et aussi rapidement qu'en Europe. En soixante-seize heures, j'étais allé de Paris à Saint-Pétersbourg, mais dans cet espace de temps, en Perse, je pouvais à peine faire, en caravane, une trentaine de lieues ;

car, comme il n'y a de route nulle part, et par conséquent pas de voitures, il faut toujours être à cheval.

Soixante-quinze lieues environ séparent Ispahan de Yesd, et huit à neuf jours sont nécessaires pour se rendre dans cette dernière ville. Je proposai au père Clément, pour ne pas être seul, de m'accompagner. Il y consentit de grand cœur; car numismate distingué, il pensait trouver là quelques médailles sassanides qui manquaient dans sa collection.

J'en étais à mon troisième voyage chez les Français de l'Orient, comme certains voyageurs de cabinet de nos jours se plaisent à appeler les Persans, de sorte que je connaissais toutes les précautions qu'il y avait à prendre. Munis de vivres et de tous les objets et ustensiles nécessaires à notre usage, car le musulman de la secte d'Ali n'est pas prêteur, nous prîmes la route de Yesd, accompagnés de mon domestique et armés comme si nous entrions en campagne.

Depuis le règne de Nasser-Eddin-schah, les routes sont beaucoup plus sûres. Les grandes bandes de Sakthiaris, qui infestaient autrefois les chemins dans cette partie de la Perse, ont complètement disparu, de sorte que les petites caravanes même peuvent voyager en sécurité; mais il est toujours prudent de ne pas négliger d'emporter des armes.

Je ne saurais trop recommander aussi aux voyageurs d'avoir avec eux une petite pharmacie portative, car en dehors des tarentules et des scorpions, il existe encore d'autres insectes dont les piqûres sont très dangereuses. Grâce à cette précaution, je pus guérir mon domestique, qui avait été piqué sur une veine du cou par un pou de chameau, et qui, en quelques minutes, était devenu très-dangereusement malade.

Les environs d'Ispahan sont beaux et bien cultivés; de nombreux ruisseaux ou canaux, aux bords ombragés et serpentant à travers la campagne, répandent un peu de fraîcheur, mais à deux lieues de la ville, vers le sud-est, la nature change complètement. A la place d'une végétation luxuriante, on n'aperçoit plus qu'une vaste plaine, couverte d'une nappe blanche qu'on prendrait de loin pour de la neige, mais qui n'est simplement qu'une couche de sel, épaisse en certains endroits de vingt centimètres.

C'est là que commence le grand désert salé qui s'étend presque jusqu'aux frontières de l'Afghanistan. La route que nous devions suivre traverse une partie de ce désert et d'autres déserts de sable qui n'ont rien d'agréable à l'œil. Partout des villes et des villages ruinés de fond en comble par ces terribles Afghans qui, encore jusqu'au commencement de ce siècle, ont fait trembler la Perse entière : partout des ruisseaux aux eaux limpides et claires, mais tellement salées, qu'elles ne peuvent ni être bues ni servir au paysan pour arroser son champ.

Ces solitudes ne sont égayées que par des troupes de gazelles venant brouter le *bouleh* jusque sur le bord des routes que suivent les caravanes. De loin en loin, on distingue quelques bouquets d'arbres, sous l'ombrage desquels sont bâties de misérables chaumières où le voyageur étranger trouverait difficilement une place convenable pour se reposer.

Il n'y a que dans ces endroits, nommés *mezreh* ou oasis, que l'on peut trouver de l'eau à peu près potable. Grâce à Schah-Abbas I, les caravanes viennent s'abriter dans de magnifiques caravansérails construits de distance en distance sur cette route. Quelques-uns de ces édifices ont résisté jusqu'à présent aux ravages du temps et aux attaques des Afghans. Pour suppléer au manque d'eau, on a creusé de grandes citernes que l'on remplit, lorsqu'elles sont vides, en détournant le cours d'eau le plus voisin.

Nous fîmes un détour pour aller visiter la petite ville de Naïn dont les cinq mille habitants surent résister aux efforts de toute l'armée afghane.

Naïn n'offre, de remarquable, qu'une ancienne mosquée avec un dôme couvert de briques émaillées d'un bleu admirable, et une fabrique de faïence imitant la porcelaine du Japon. Depuis trois ans seulement elle possède un bazar.

J'ai remarqué, en passant près d'un cimetière, que les fosses, au lieu d'être comme ailleurs couvertes de marbres ou de pierres, étaient pavées de plaques de revêtement en faïence provenant de cette fabrique. La ville, située au pied d'un petit monticule, ayant, de loin, la forme d'un lion, se trouve sur la route de Kerman à Téhéran, perdue pour ainsi dire dans une immense plaine sans végétation, qui se dirige vers l'Est.

En quittant Naïn, nous traversâmes plusieurs villages, si toutefois on peut appeler villages quelques misérables maisons entourées de murs de boue, tels que : Naugombeh où le gouvernement entretient, depuis longtemps, des gardes chargés de protéger les voyageurs contre les pillards *beloutches*, autrefois très-nombreux dans ces parages : Akdeh qui produit d'excellentes grenades : Méïbot, placé au milieu de ruines anciennes d'un effet pittoresque : Achksésar, qu'enseveliront un jour les sables qui l'environnent : Keïflamerd, près duquel on voit un ancien château fort, remarquable par ses fossés profonds à moitié comblés et ses tours crenelées.

Dans tous ces villages, les vivres sont rares, et l'eau y est parfois tellement salée que les animaux ne la boivent qu'avec répugnance. Mais grâce à mes précautions nous pûmes, sans trop souffrir, gagner la ville de Yesd, dont la position géographique était fort mal indiquée sur la carte que nous avions emportée. Cette ville est située au sud-est d'Ispahan, à l'extrémité d'une plaine de sable, entre deux petites chaînes de montagnes qui se rejoignent à quelques lieues de là.

On fait remonter son origine à Yesdgerd I, roi des Perses, près de 400 ans avant Jésus-Christ.

La ville actuelle est bâtie un peu plus au sud de l'emplacement de la première. Elle est entourée de murailles en terre. Beaucoup de maisons en ruines indiquent que sa population devait être autrefois plus considérable ; car on estime le nombre de ses habitants à peine à cinquante mille dont sept à huit cents juifs et cinq mille Guèbres.

Son importance consiste principalement dans son commerce. Placée sur la route de Kerman à Téhéran, et sur celle de Mesched à Ispahan, elle voit journellement de nombreuses caravanes passer sous ses murs, apportant les produits de ces deux villes manufacturières.

Dans le nord de la Perse, ce sont, en général, des chevaux et des mulets qui servent à transporter les marchandises, mais dans cette partie de l'Iran, on ne trouve que des chameaux, ces animaux pouvant supporter plus facilement les fatigues de cette route.

Il y a vingt ans, la douane de la ville de Yesd ne rapportait que sept cents *tomans* (le toman vaut 11 fr. 60 c.); aujourd'hui elle en perçoit jusqu'à 23,000.

Le revenu de la province s'est aussi beaucoup accru. Elle payait, comme impôt au gouvernement à la même époque, 72,000 tomans ; maintenant cette somme est montée à 151,000.

La ville possède deux mille métiers à tisser. C'est là qu'on fabrique les plus belles toiles coton appelées *kadek*, dont les Persans se servent pour leurs vêtements.

On y tisse des étoffes de soie qui, avec celles de Mesched, sont réputées les meilleures de la Perse, et on y confectionne des châles imitant ceux de Kerman.

Yesd renferme plusieurs grands bazars, vingt-cinq caravansérails, trente bains, quatre grandes mosquées, vingt-cinq petites et vingt-trois fontaines publiques.

Les étés y sont excessivements chauds, ce qui est suffisamment indiqué par les *bâdguir* (ventilateurs) qu'on aperçoit de tous côtés, et les hivers, parfois, y sont assez rigoureux. L'eau manque dans beaucoup d'endroits, surtout du côté du nord, et on est obligé de creuser quelquefois des puits jusqu'à 270 mètres de profondeur. Dans les campagnes, où il y a de l'eau, le cultivateur peut faire trois récoltes différentes dans une année.

A quinze lieues de là, on trouve des carrières de marbre blanc, d'où l'on extrait des blocs pesant 20,000 kil.

Pendant les quelques jours que nous passâmes à Yesd, qui est très-rarement visitée par les Européens, nous eûmes à subir, de la part des habitants, une curiosité des plus fatigantes. Nous logeâmes chez un des principaux Guèbres, Mollah Roustem, qui fit tout son possible pour rendre notre séjour agréable.

Les mœurs et les coutumes de ces Persans sont tellement différentes de celles des Musulmans, que je crois utile de raconter tout ce qui m'a été dit à ce sujet.

Le *Giaour* des Musulmans est une corruption du mot *Guèbre*.

Les Guèbres, qui sont les vrais Persans, forment neuf cents familles tant à Yesd que dans les environs; ils ont, malgré toutes les persécutions qu'ils ont eu à endurer, conservé intactes les *us* et coutumes de leurs ancêtres.

Ils étaient autrefois plus nombreux dans ces parages; car ceux de Mesched, se voyant trop faibles pour résister aux Musulmans, abandonnèrent cette ville pour se réunir à leurs frères de Yesd. Cette émigration a eu lieu, il y a environ trois cents ans. Les Guèbres d'Ispahan ne vinrent les rejoindre que vers 1689, sous le règne du schah sultan Haussein, à cause des cruelles persécutions que ce roi exerça contre tous ceux qui ne voulaient pas abandonner leur religion. Ils habitaient un village, situé près de Djoulfa, nommé Guébrabad, qui, depuis, s'appela Hausseinabad.

Sous Nadir-Schah, ils furent un peu moins tourmentés. Ce monarque en avait incorporé douze mille dans son armée, lorsqu'il était allé mettre le siége devant Khandahar. Ne pouvant s'en rendre maître, il reprit le chemin de ses Etats. Ces douze mille Guèbres, demeurés en arrière, résolurent de retourner sur leurs pas et de tenter de prendre la ville. Ils donnèrent un assaut si terrible qu'ils réussirent à s'en emparer. Ils envoyèrent aussitôt un exprès à Nadir-Schah, qui revint sur ses pas, et prit possession de la ville si glorieusement conquise. A la suite de cet exploit, ce roi accorda de grands priviléges aux Guèbres qui commencèrent à goûter quelque repos.

Mais depuis, lorsque les Afghans envahirent la Perse à leur tour, ceux-ci, pour se venger des Guèbres, massacrèrent, en représailles, douze mille familles à Kerman. Aujourd'hui il ne reste dans cette ville pas plus de quarante familles Guèbres et cent soixante dans les environs.

Les Guèbres ont une toute autre physionomie que celle des Persans dont ils sont cependant les ancêtres. Leurs traits sont assez réguliers; ils sont grands, bien faits, forts, doux, inoffensifs, mais leur visage respire continuellement un certain air de tristesse qui provient sans doute des souffrances que les Musulmans leur font endurer.

Le costume des habitants des villes diffère de celui des habitants des campagnes; cependant il ressemble pour la forme aux vêtements musulmans.

Le jaune domine toujours chez les paysans, tandis que le gris est adopté par les premiers. Ils ne peuvent en changer les couleurs, et ils n'ont pas la permission de porter ni des *habas* (sorte de manteau), ni des vêtements en drap et en soie.

Ils ne se servent ni du *ring* ni du *henné* pour se teindre les cheveux et la barbe, et ils ne fument pas comme les Musulmans.

Le costume des femmes n'a rien d'élégant ; c'est un assemblage de morceaux d'étoffes de diverses couleurs. Elles ont le teint jaunâtre ; leurs traits ne sont pas aussi caractérisés que ceux des hommes : elles n'ont de beau que les yeux ; elles ne se voilent pas comme les Musulmanes. La prostitution n'existe pas parmi elles.

Lorsqu'un Guèbre passe dans la ville ou dans la campagne, monté sur un animal quelconque, s'il rencontre un Musulman, il est obligé de mettre pied à terre.

Leurs anciennes maisons ont intérieurement la forme d'une vieille église. Dans le fond se trouve la nef ; il y a trois portes, une au milieu et les deux autres de chaque côté donnant accès dans les chambres. A droite et à gauche, il y a deux voûtes : le milieu n'est pas couvert. La cour est pavée avec des petits cailloux au lieu de terre. Les femmes indisposées ne peuvent entrer dans les chambres, elles doivent coucher dans le corridor ; car dans le cas où elles viendraient à salir le pavé, elles le lavent, tandis que s'il y avait de la terre, elles seraient obligées d'en enlever un mètre carré.

Si un habitant de la ville se rend à la campagne, la première fois qu'il veut boire, il met de l'eau ou du vin dans un vase, puis il jette ce liquide sur les arbres en souhaitant un bon voyage aux passants. S'il va au cimetière, avant d'y entrer, il coupe en deux un fruit ou un morceau de pain qu'il expose sur une pierre : c'est la part des gardiens. Pour s'appeler, ne se connaissant pas, ils prononcent le mot *behtin* qui vient de *behter* signifiant de la meilleure (religion).

Il y a à Yesd deux écoles guèbres, où une soixantaine d'enfants apprennent à lire et à écrire en Persan. Dans l'une d'elles, le professeur reçoit des appointements des parents, tandis que dans l'autre, il les touche des Guèbres résidant aux Indes. Chaque village possède généralement une école entretenue par les habitants.

Lorsqu'un garçon veut se marier, il envoie un prêtre et un diacre porter un bouquet chez les parents de la jeune fille de son choix. Si ceux-ci acceptent, ils prennent ce bouquet, et après quelques jours, la famille du jeune homme envoie des bonbons et une alliance en or ou en argent à la promise. Les parents de cette dernière donnent à leur tour des bonbons et les fiançailles sont consommées. Pour compléter le mariage, deux mois ou un an après, on choisit, parmi les amis, sept personnes d'une sagesse reconnue qui vont demander au jeune homme s'il consent à épouser la fille sur laquelle il a jeté les yeux ; lorsque sept fois il a répondu oui, elles font, à la fiancée, la même demande, pareil nombre de fois. Le prêtre vient ensuite dans la maison du jeune homme bénir les époux, et on célèbre alors le mariage par de grandes réjouissances.

Les filles ne peuvent pas se marier avant quatorze ans et les garçons avant dix-sept ans.

La polygamie est défendue chez eux, ils ne prennent une seconde et une troisième femme qu'autant qu'ils n'ont pas d'enfant de la première, mais ils ne jouissent que très rarement de cette faculté. Parmi les neuf cents familles de Yesd, trois hommes ont trois femmes, et vingt autres deux. Leur première épouse morte, ils se remarient rarement et lorsqu'ils ont atteint un âge avancé, ils restent célibataires.

Dans un village, nommé *Khaïrabad*, situé à deux lieues de la ville les filles ne se marient qu'à vingt ans et les garçons à trente ; aussi les enfants nés de ces unions sont d'une santé et d'une force remarquables.

Les Guèbres n'ont pas, comme chez nous et chez les Musulmans, un jour férié par semaine. Ils célèbrent six grandes fêtes qu'ils appellent *Gombars*, et qui arrivent à peu près tous les deux mois. Ces jours-là, ils font de grands sacrifices. Le prêtre est invité et tue lui-même les moutons dont il garde une patte. On prépare de copieux repas qui sont composés, outre les viandes, de sept sortes de fruits secs et de fruits nouveaux.

Avant de manger, on apporte le feu sacré sur lequel chaque convive met les mains qu'il se passe ensuite sur le visage. Cette cérémonie terminée, le prêtre distribue les mets et le repas achevé, tout ce qui reste est donné indistinctement aux Guèbres, aux Musulmans et aux juifs pauvres.

On estime de cinq à six cents les moutons tués par année pour ces gombars.

Les Musulmans de Yesd doivent payer, comme impôt, un *kran* (dix krans font un toman), par chaque mouton qu'ils tuent. Les Guèbres donnent un kran et demi. Pour ne pas être inquiétés, ils paient chaque année jusqu'à quarante-cinq tomans, et ils sacrifient à peu près le nombre de moutons qu'ils désirent.

Leurs églises n'ont rien de remarquable ; elles sont à peu près bâties comme les anciennes maisons, à l'exception que l'autel, sur lequel brûle le feu sacré, doit toujours être tourné vers l'Orient.

Ils en ont quatre ; dans une seule brûle continuellement le feu ; dans les autres on ne l'entretient que la nuit. A côté de la porte de ces églises on remarque une petite niche où est jeté le feu que le prêtre emporte avec lui pour célébrer ses cérémonies.

Le feu sacré est entretenu avec le bois du pays, mais certaines personnes, par dévotion, jettent parfois, dans le brasier, du bois de santal venu à grands frais des Indes.

Les églises sont ouvertes cinq fois par mois, à jours inégaux, afin que le peuple vienne y prier. Néanmoins il peut y entrer chaque fois qu'il lui plaît.

Aucun étranger n'est admis à visiter l'église où brûle toujours le feu sacré.

Leurs quatre *Derhmir*, ou églises, sont desservies par cinquante prêtres dont un chef ne relevant d'aucun autre supérieur. Les prêtres, nommés *mauvebèle*, sont revêtus d'un caractère très-sacré. Ils ne peuvent manger avec leur famille, car les prêtres de cette religion ont la permission de se marier. On les sert à part et les restes du repas sont donnés aux pauvres. Ils ne consomment pas les animaux tués par les Musulmans.

Le grand prêtre ne peut manger de la viande qu'autant qu'il a tué lui-même l'animal.

Lorsqu'un enfant vient au monde, le prêtre dit quelques prières et lui donne un nom ; c'est ce qui constitue le baptême, la circoncision n'existe pas chez eux.

Pour faire du vin, les Guèbres enduisent généralement leurs jarres de graisse de mouton, et, lorsque c'est le grand-prêtre, il faut que cette graisse provienne d'un animal tué par lui.

Les prêtres, en prenant leurs repas, ne peuvent manger du raisin, des mûres ou autres fruits semblables sans les laver, parce que ceux-ci n'ont pas d'écorce. Cet usage ne concerne pas les noix, les amandes, les noisettes.

Le costume des prêtres est le même que celui des autres Guèbres. Ils disent leurs prières en persan, ne possédant pas de livres en langue *pehlevi*. La langue qu'ils parlent entre eux est un mélange de pehlevi et de persan ; mais chaque prêtre est obligé de savoir un peu de *zend* pour certaines prières.

Le grand prêtre reçoit comme appointements quarante tomans du gouvernement persan, et il est élu par les prêtres et les principaux Guèbres.

Leur cimetière n'est pas placé sur le bord des routes ni près des villes. Celui des Guèbres de Yesd est situé à deux lieues dans la campagne sur une petite colline escarpée. Il est entouré d'un mur assez élevé, afin que les animaux ne puissent manger et disperser les cadavres.

Lorsqu'un homme est sur le point de rendre l'âme, on appelle un prêtre qui récite des prières. L'individu mort, on lave son corps avec de l'urine de vache, puis avec de l'eau ordinaire, mélangée d'eau de rose. On le porte ensuite au temple où le prêtre dit de nouvelles prières ; de là on se rend au cimetière ; le cadavre est porté sur une civière en fer, suivi par des musiciens. Jamais le corps ne doit retourner en arrière, il faut toujours aller devant soi et lorsqu'on le place dans le cimetière, il est nécessaire qu'il fasse jour encore.

Un parent est obligé de se rendre au cimetière pour voir le défunt pendant quatre jours. Il renouvelle sa visite le dixième jour puis le trentième.

Ce cimetière a la forme d'un cercle divisé en plusieurs parties. Dans le premier rang on place les hommes, dans le second, les femmes ; le troisième est pour les filles et le dernier pour les garçons.

Les prêtres et leur famille sont mis dans un endroit réservé.

Le corps, après avoir été revêtu d'un pantalon, d'une chemise et d'une calotte, est cousu jusqu'au cou dans un linceul et exposé sur une large pierre. Le sang qui s'en échappe tombe dans un petit conduit qui mène à une fosse commune creusée au milieu ; lorsqu'il n'y a plus que des os et qu'un rang est plein, on les ramasse tous et on les jette dans cette fosse.

La fosse remplie on la couvre de terre et on en creuse une autre ailleurs. Des oiseaux de proie planent continuellement sur ce cimetière et déchirent, à coups de bec, les cadavres dont il ne reste bientôt plus que les os. Les Guèbres ont une horreur profonde pour les corbeaux qui sont les plus acharnés de tous les oiseaux à déchiqueter les cadavres ; aussi n'en tuent-ils jamais un seul.

Tous les ans, au mois d'août, ils ont la fête des morts. La moitié de la population se rend ce jour-là au cimetière. Les riches font construire aux environs de petites maisons voûtées, sur les murs desquelles ils placent des pierres sépulcrales avec des inscriptions rappelant les vertus des morts. Quelquefois ils allument des lampes dans ces endroits-là, mais les fanatiques Musulmans se font un honneur de les briser.

Il existe cette croyance parmi les Guèbres, qu'en l'an 1300 de l'hégire, il viendra de l'Orient un roi étranger qui s'emparera de la Perse et la ruinera de fond en comble.

Nous voulions nous avancer plus avant, soit du côté de Mesched, soit du côté de Kerman, mais comme il fallait parcourir des plaines encore plus arides et plus sauvages que celles que nous avions déjà vues et que la mauvaise saison s'avançait, nous songeâmes à notre retour.

C'est à Kieflamerd, village dont j'ai parlé plus haut, que je fus témoin, pendant une nuit, de cette pluie d'étoiles qui a été aussi remarquée en Angleterre, et dont une description a été faite dans plusieurs journaux.